Mercados del mundo

Medidas estándares

Sara A. Johnson

Créditos

Dona Herweck Rice, *Gerente de redacción*; Lee Aucoin, *Directora creativa*; Don Tran, *Gerente de diseño y producción*; Evelyn Garcia, *Editora asociada*; Neri Garcia, *Composición*; Stephanie Reid, *Investigadora de fotos*; Rachelle Cracchiolo, M.A.Ed., *Editora comercial*

Créditos de las imágenes

Teacher Created Materials

5301 Oceanus Drive
Huntington Beach, CA 92649-1030
http://www.tcmpub.com
ISBN 978-1-4333-2749-0

Tabla de contenido

Vamos al mercado. 4

Los mercados de Francia 8

Los mercados de India 12

Los mercados de China 16

Los mercados de Perú 20

Los mercados de México 24

Resuelve el problema 28

Glosario. 30

Índice. 31

Respuestas. 32

Vamos al mercado

Las personas de todo el mundo compran en mercados al aire libre. Pueden comprar cosas como carne, vegetales, frutas, pan, flores y ropa.

Es importante que la gente sepa **medir** las cosas cuando va al mercado. Medir muestra cuánto necesitará. También les dice cuánto cuestan las cosas.

Algunas cosas se miden por **longitud**.

Algunas cosas se miden por **peso**.

En los mercados de los distintos países se venden productos diferentes. Esto es porque la gente vende cosas **locales** en donde viven.

Los mercados de Francia

En los mercados de Francia se vende una gran variedad de muchas comidas diferentes. A muchas personas les gusta el queso. El queso viene en bloques grandes. Se pueden comprar pequeños trozos del bloque.

También es posible comprar aceitunas en los mercados de Francia. Las aceitunas se venden por peso. En Francia, el peso se mide en kilogramos.

Exploremos las matemáticas

En otras partes del mundo, el peso se mide en libras. ¿Cuánto pesan estas aceitunas?

Muchas personas compran flores y pan fresco en Francia. Ambas cosas se venden por docena.

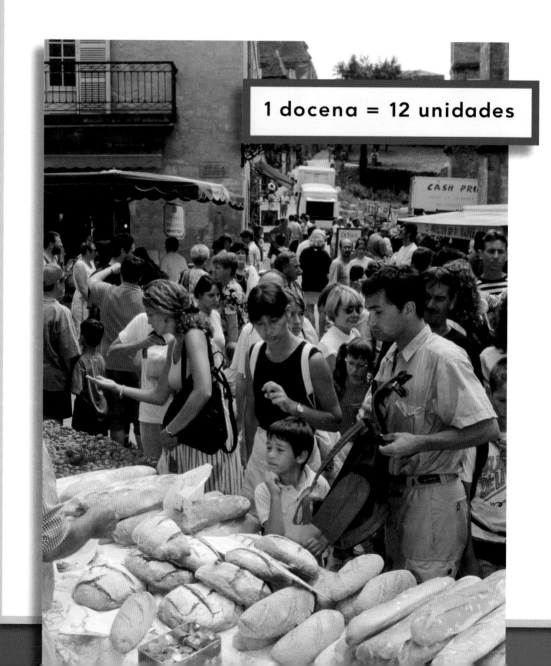

1 docena = 12 unidades

La gente puede viajar mucho
para llevar sus productos hasta los
mercados. A veces hasta viajan
durante la noche para llegar a tiempo.

Exploremos las matemáticas

Observa las siguientes distancias.
Ordénalas de menor a mayor.

120 kilómetros

25 kilómetros

85 kilómetros

Los mercados de India

   Es posible encontrar mercados al aire libre en todas partes de la India. Los productos pueden estar expuestos sobre mantas o en carretas. También pueden estar acomodados en cestas o bolsas.

Muchas personas compran telas en estos mercados. La mayoría de las telas es liviana. Esto es porque hace calor en India. Las telas se venden por longitud. En India, la longitud se mide en metros.

Exploremos las matemáticas

En algunas partes de la India hace mucho calor. Lee el termómetro para saber cuánto calor puede llegar a hacer en el verano.

En muchos mercados también se venden especias. No es necesario usar una gran cantidad de especias en las comidas. Por lo tanto las especias, se venden por peso en pequeñas cantidades. En India, el peso se mide en gramos.

Exploremos las matemáticas

La cantidad de especias necesarias para una receta se mide por cucharada, cucharadita o parte de una cucharadita. Observa las siguientes cucharas. Luego contesta las preguntas.

a. ¿Qué cuchara medidora tiene la menor cantidad?

b. ¿Qué cuchara medidora tiene la mayor cantidad?

En los mercados de India también se pueden comprar frutas y vegetales.

¿Ves alguna fruta o algún vegetal que comes en tu casa?

Los mercados de China

En los mercados de China hay muchos mariscos a la venta. Puedes comprarlos frescos. Pero si compras mariscos secos, duran más tiempo.

La gente cocina con muchos vegetales en China. Algunos de los que más les gustan son los frijoles y el repollo.

El arroz es otro alimento importante en el país. Se vende por peso.

En algunos países, el arroz se vende por kilogramo. En otros, por libra.

A veces se preparan comidas en las calles de los mercados de China. Puedes comprar este alimento y comerlo de inmediato.

Los mercados de Perú

En los mercados de todo Perú encontrarás ajo, ají picante y papas. Estas comidas se usan en muchos platos diferentes.

¡En Perú se cultivan más de 2,000 variedades de papa!

También se venden frutas y vegetales en los mercados en Perú. Estos productos se venden por peso.

Si compraras limones en Perú, ¿qué objeto usarías para medir el peso?

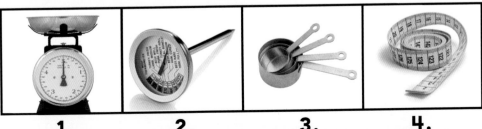

1.   2.   3.   4.

Los compradores llevan sacos
atados a la espalda para transportar
sus compras.

En algunos mercados también se vende la lana de **alpacas** y **llamas**. Puedes comprar un poco y tejer tu propio sombrero. O, puedes compar un sombrero en el mercado.

Exploremos las matemáticas

La lana se vende en un ovillo o rollo suelto llamado **madeja**. Se mide por yarda o metro. Para hacer 1 gorro se necesitan unas 200 yardas. Una madeja tiene 100 yardas de lana. ¿Cuántas madejas se necesitan para tejer 1 gorro?

Los mercados de México

La mayoría de los mercados de México vende frijoles y arroz. Estos productos son una parte importante de las comidas en México.

Algunas partes de México están en la costa, es decir, junto al mar. Los mercados ahí venden mucho pescado. Algunas personas venden pescado desde sus barcos. Otras personas llevan el pescado hasta la costa para venderlo.

Los vendedores ambulantes venden muchos tipos de comida. ¡Hay mucho qué comer en los mercados de México!

¡No importa dónde vayas, podrás comprar productos sensacionales en los mercados de todo el mundo!

Venta de calabazas

Los niños de la familia Mark tienen 6 calabazas. Las venderán a la fábrica de conservas Zapallín. Esta fábrica compra las calabazas según su altura. La siguiente tabla muestra cuánto pagan por cada una.

calabazas bajas	$1
calabazas medianas	$2
calabazas altas	$3

Los niños de la familia Welch también tienen 6 calabazas. Las venderán a la fábrica de conservas Peter Peter. Esta fábrica compra las calabazas según su contorno. Eso es su circunferencia. La siguiente tabla muestra cuánto pagan por cada una.

calabazas pequeñas	$1
calabazas medianas	$2
calabazas grandes	$3

¡Resuélvelo!

a. ¿Cuánto ganarán los niños de la familia Mark?

b. ¿Cuánto ganarán los niños de la familia Welch?

c. ¿De qué otra manera podrían medirse las calabazas?

Sigue estos pasos para resolver el problema.

Paso 1: Observa la altura de las calabazas. Clasifícalas en bajas, medianas y altas. Observa la tabla. Suma la cantidad de dinero que pueden ganar los niños de la familia Mark.

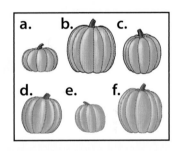

Paso 2: Observa el tamaño de la circunferencia de las calabazas. Clasifícalas en pequeñas, medianas y grandes. Observa la tabla. Suma la cantidad de dinero que pueden ganar los niños de la familia Welch.

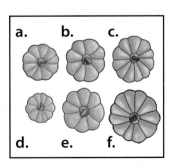

Glosario

alpacas—mamíferos que tienen lana larga y suave

llamas—mamíferos de la misma familia que de los camellos que tienen lana larga y suave

local—cercano al lugar de residencia

longitud—cuánto mide de largo un objeto

madeja—rollo suelto de lana

medir—conocer la altura, la longitud o el peso de un objeto

peso—cuán pesado es un objeto

Índice

cucharada, 14

cucharadita, 14

docena, 10

gramo, 14

kilogramo, 9, 18

libra, 9, 18

longitud, 6, 13

medir, 5–6, 9, 13–14, 21, 23

metros, 13, 23

peso, 6, 9, 14, 18, 21

Exploremos las matemáticas

Página 9:
2 libras

Página 11:
25 kilómetros; 85 kilómetros; 120 kilómetros

Página 13:
120 °F

Página 14:
a. la cucharadita de 1/4
b. la cucharada

Página 21:
1

Página 23:
2 madejas

Resuelve el problema

a. $12.00
b. $12.00
c. Las calabazas podrían medirse por peso.